Che. La estrella de un revolucionario
Buenos Aires, la marca editora, Colección la marca TERRIBLE!, 2010, 2014
© la marca editora, 2010, 2014

Ilustraciones **Ju Yun Lee**
© Yeowon Media Korea Gardner Co Ltd, 2009
Textos **Constanza Brunet, Guido Indij**
Biografía **Mi Ran Kim**
Diagramación **Paula Furman**
Impreso en Triñanes Gráfica - Charlone 971, Avellaneda.
Buenos Aires, Argentina, en noviembre 2014

ISBN: 978-950-889-212-6

Las ilustraciones de la presente edición han sido autorizadas por Yeowon Media Korea Gardner Co Ltd
a través de The Choice Maker Korea Co.

Brunet, Constanza
   Che. La estrella de un revolucionario / Constanza Brunet y
Guido Indij. - 1a ed. 1a reimp. - Ciudad Autónoma de Buenos
Aires : la marca editora, 2014.
   46 p. : il. ; 28x19 cm. - (La marca terrible!)

   ISBN 978-950-889-212-6

   1. Guevara, Ernesto. Biografía. I. Indij, Guido. II. Título
CDD 923

la marca
editora

w www.lamarcaeditora.com
e lme@lamarcaeditora.com
t (54 11) 4372 8091
d Pasaje Rivarola 115
   (1015) Buenos Aires, Argentina

Distribuye

ASUNTOIMPRESO

www.asuntoimpreso.com
www.@asuntoimpreso.com
(54 11) 4383 6262
Pasaje Rivarola 169
(1015) Buenos Aires, Argentina

Che
La estrella de un revolucionario

Citas de **Ernesto Che Guevara**
Texto por **Constanza Brunet** & **Guido Indij**
Ilustrado por **Ju Yun Lee**
Biografía de **Mi Ran Kim**

la marca
TERRIBLE!

"El Che no fue sólo un intelectual de mérito, sino el ser humano más completo de nuestra época". Jean-Paul Sartre

"Si queremos un modelo de hombre, un modelo de hombre que no pertenece a este tiempo, un modelo de hombre que pertenece al futuro, ¡de corazón digo que ese modelo es el Che!". Fidel Castro

Algunos opinan que la palabra "che" viene del guaraní, otros del mapuche, del quechua o del araucano. Lo que sí se sabe es que su significado es "amigo". Pero como che es la forma en que en la Argentina se llama a los otros, en muchos países decir che es como decir argentino.

Cuando en vez de che, se dice "el Che", entonces
se está hablando de él, de Che Guevara, del personaje
de nuestro libro.
Su cara es la imagen fotográfica más difundida en el
siglo veinte.

En su época de estudiante y cuando aún lo llamaban Ernesto, aprovechaba cada una de sus vacaciones para viajar y conocer otros sitios. Lo hacía solo o con algún amigo, a pie, a dedo, en camión, en bici, en moto, en avión, en balsa...

PERÚ

COLOMBIA

VENEZUELA

Me he sentido guatemalteco en Guatemala, mexicano en México, peruano en Perú, cubano en Cuba y naturalmente me siento argentino en todos lados. Ese es el estrato de mi personalidad, no puedo olvidarme del mate y del asado.

Un verano, Ernesto y su amigo Alberto se subieron a La Poderosa, una vieja motocicleta que, con sus escasos conocimientos de mecánica, apenas si lograron poner en marcha.
Llevaban poco dinero, pero muchas ganas de conocer el mundo.

Sueña y serás libre de espíritu; lucha y serás libre en la vida.

Fue un viaje de aventuras y descubrimientos.
Los amigos quedaron deslumbrados por los campos,
los mares, los ríos, las montañas, los cielos y los colores
de América. Registraban todo con una vieja cámara
fotográfica y en sus cuadernos de notas.

El Hombre Nuevo...

Hay que endurecerse, sin perder la ternura jamás.

Y no sólo las maravillas naturales los conmovieron, sino
también el legado de los antiguos habitantes del Continente.
En Machu Picchu mientras Alberto soñaba con casarse con
una Princesa Inca, Ernesto se apasionaba por la Arqueología.

Me siento patriota de América Latina,
de cualquier país de América Latina,
en el modo más absoluto, y tal vez,
si fuera necesario, estaría dispuesto
a dar mi vida por la liberación
de cualquier país latinoamericano,
sin pedir nada a nadie.

Pero mientras andaban los caminos, Ernesto y Alberto
se cruzaban con otra realidad: los hombres y mujeres
americanos sufrían. La pobreza, la falta de libertad,
la desesperanza.

Ernesto comprendió que toda esa miseria tenía un mismo
origen: esas bellas tierras estaban gobernadas por diversos
dictadores y por sus socios, las grandes empresas
multinacionales que explotaban tanto la tierra como
a los trabajadores.

Tras recorrer miles de kilómetros, la forma en que Ernesto veía al mundo había cambiado. Ahora él quería cambiar al mundo. Es que un viaje puede transformar la mente y el corazón de un hombre, ayudarlo a concebir ideas, a forjar ideales, a descubrir la estrella que guiará el resto de su camino.

Somos dieciocho boludos encaprichados en hacer una revolución. ¡Y la vamos a hacer, carajo!

Ernesto recorrió prácticamente todos los países de América Latina y se hizo decenas de nuevos amigos. En México conoció a Fidel, quien iba a ser su gran compañero en una aventura mucho mayor: zarpar hacia la liberación de un país que vivía bajo la opresión de un tirano.

...muchos me dirán aventurero y lo soy,
sólo que de un tipo diferente:

A partir de entonces, Ernesto destinó su vida a los demás.
Fue un gran camarada.
Sus amigos comenzaron a llamarlo "el Che" y lo reconocían
por la estrella que llevaba en la frente.

El Che, como joven revolucionario que era, comenzaba a escribir la historia que encierra este libro, la de sus convicciones, su valentía, su perseverancia y dedicación.

El Che, Fidel y otros diez camaradas emprendieron en Cuba
un combate desigual contra el dictador y su ejército.
Parecía una misión imposible, como la mayoría de las utopías.
Sin embargo, su ejemplo inspiró a gran parte del pueblo
que los apoyó en su lucha.

La revolución se hace a través del hombre, pero el hombre tiene que forjar día a día su espíritu revolucionario.

Durante los dos años que duró la lucha libertadora, hizo falta que el Che pusiera todo de sí: fue médico, maestro, soldado y comandante. La experiencia vivida lo había revolucionado: era ahora un hombre nuevo.

El individualismo en cuanto tal, como acción aislada de una persona en el ambiente social, debe desaparecer.

El general que gobernaba Cuba a su antojo y beneficio huyó frente a la evidencia de que el pueblo había conquistado un destino de libertad. La revolución había triunfado. Por primera vez, la gente se sentía feliz, emancipada.

El individualismo debe ser, mañana, la realización completa de las capacidades de un individuo en beneficio absoluto de una colectividad.

CUBA libre

Campesinos y obreros, hombres y mujeres, estudiantes, ancianos y niños; todos salieron a las calles y plazas a saludar a sus jóvenes líderes y al futuro que inauguraban. Cuba era una fiesta.

Che Guevara y sus camaradas habían logrado destruir
un sistema de opresión; ahora debían construir otro mundo
con reglas más justas para todos.
Sin descanso, el Che trabajó por esa meta.

Asumió diversos compromisos en el nuevo gobierno,
escribió libros y siempre siguió estudiando. Y a pesar de
todas sus tareas y responsabilidades oficiales, nunca dejó
de trabajar codo a codo con los campesinos en las cosechas
y con los obreros en las fábricas.

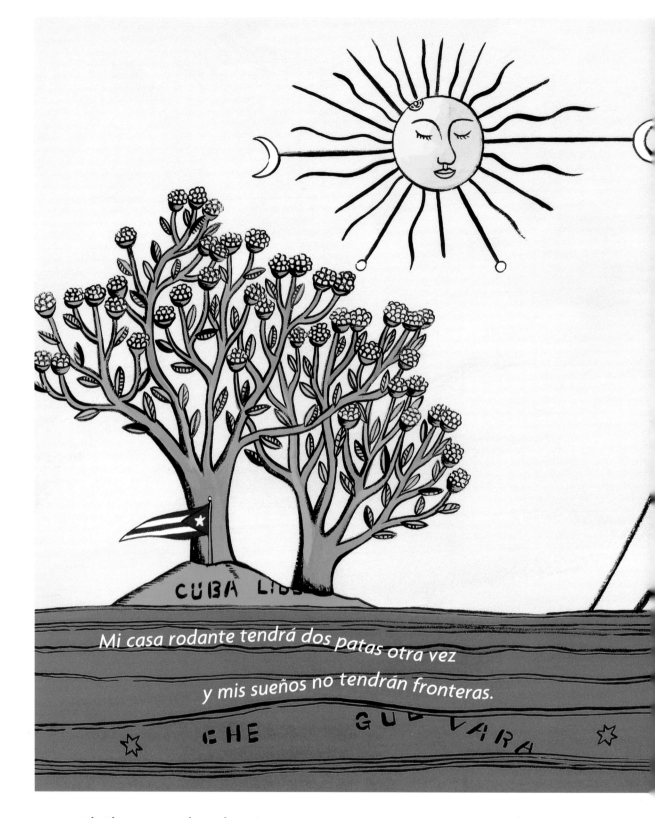

Mi casa rodante tendrá dos patas otra vez
y mis sueños no tendrán fronteras.

CHE GUEVARA

El Che era un hombre íntegro e inquieto. Y era, ante todo,
un espíritu libre. Sintió que otros retos lo convocaban, que
otras injusticias requerían de todo lo que había aprendido
en sus lecturas, andanzas, combates y experiencias.

Ir a hacer la revolución a otro lado.

En África, en América, en el mundo, otros pueblos sufrían el despotismo y la explotación.
El Che decidió seguir una vez más la dirección que le señalaba su estrella y partió a tierras lejanas para liderar nuevas revoluciones.

Otra vez siento bajo mis talones
el costillar de Rocinante;
vuelvo al camino
con mi adarga al brazo.

Déjenme decirles, a riesgo de parecer ridículo,
que el revolucionario verdadero está guiado
por grandes sentimientos de amor.

Su viaje había sido el que va del mundo de las ideas al
de la acción. Emprendió nuevos caminos donde la estrella
que comandaba sus pensamientos iluminara también su
corazón y el de todos los idealistas del mundo.

No le importaba si las misiones eran grandes o menores, si el enemigo era más numeroso o más fuerte. El Che tenía la convicción de que la fuerza de un hombre que está del lado del pueblo es superior a cien ejércitos.

Si eres capaz de temblar de indignación cada vez que se comete una injusticia en el mundo, somos compañeros.

El largo viaje del Che fue una odisea. Debió internarse en la selva, cruzar ríos, pasar hambre, esconderse de sus enemigos, disfrazar su identidad, dejar amigos, familia, comodidades...

En las pruebas, que fueron muchas, la tenacidad y perseverancia del Che estuvieron fundadas en una simple idea: un hombre comprometido con una causa puede hacer la diferencia en el mundo.

Podrán cortar todas las flores
pero nunca terminarán con la primavera.

El Che ganó muchas batallas y perdió muchas también.
Pero su ejemplo nos enseñó a todos que en la lucha por
un ideal, cuando los motivos son justos, aun cuando
se pierde, se gana.

Siempre habrá quienes estén dispuestos a alzar la bandera
de un mundo mejor.

Hoy la imagen del Che es reconocida en lugares del mundo
donde se hablan distintas lenguas. En las universidades,
en las bibliotecas y en las casas de los campesinos y obreros,
su retrato simboliza el valor de la lucha por un ideal.

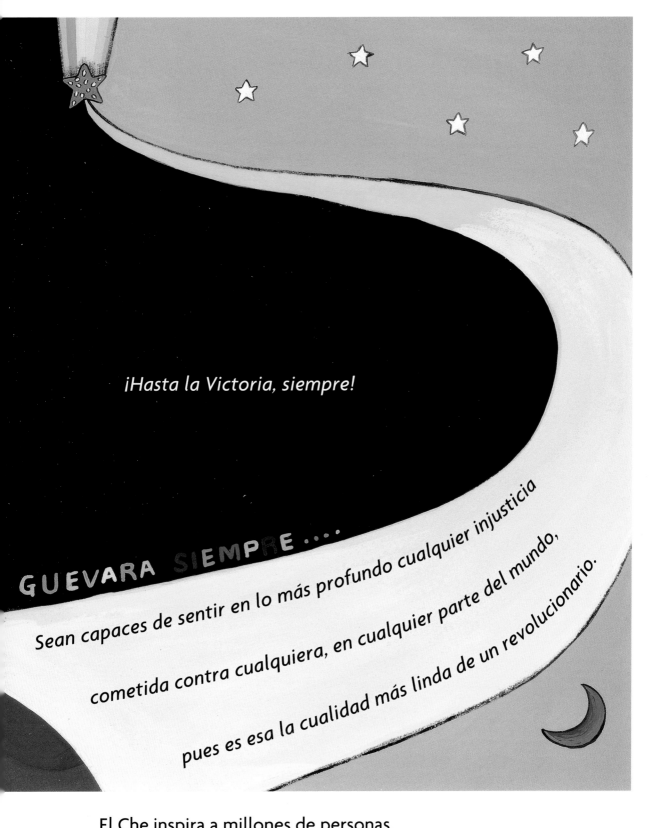

¡Hasta la Victoria, siempre!

GUEVARA SIEMPRE ....

Sean capaces de sentir en lo más profundo cualquier injusticia cometida contra cualquiera, en cualquier parte del mundo, pues es esa la cualidad más linda de un revolucionario.

El Che inspira a millones de personas.
Dondequiera que haya alguien enfrentándose a una situación injusta, la luz de la estrella del Che brilla.

1928 Nace en Rosario, Argentina.

1954 Se casa con la peruana Hilda Gadea. Nace su hija Hildita.

1955 En México conoce a Fidel Castro.

1956 Junto con Castro, Camilo Cienfuegos y otros patriotas revolucionarios viajan a Cuba, incitan y lideran una guerra de guerrillas.

ERNESTO CH

1960 Se casa con la cubana Aleida March, madre de sus hijos Aleidita, Camilo, Celia y Ernestito.

1961 Es nombrado Ministro de Industrias.

1965 Participa de acciones revolucionarias en el Congo y en Bolivia.

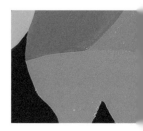

1967 Con apenas treinta y nueve años de edad, es capturado y cobardemente asesinado por el ejército boliviano.

1947 Entra en la Escuela de Medicina en Buenos Aires.

1951 Viaja por América Latina con Alberto Granado durante siete meses.

1953 Recibe su título de médico.

E GUEVARA

1928-1967

1959 El dictador Batista huye de Cuba. Desde su puesto de Presidente del Banco Nacional es un actor fundamental en la conducción de la Revolución. Junto con Castro se convierte en la figura más importante de Cuba.

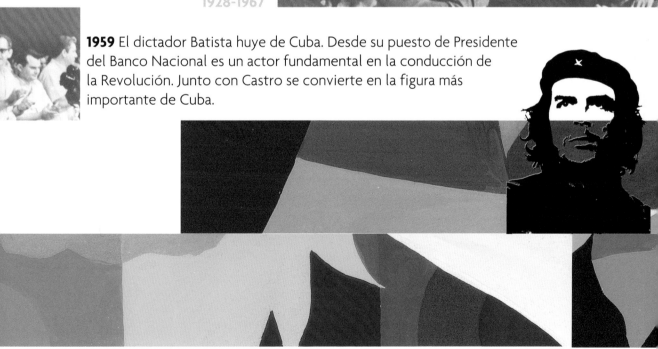

Ernesto Che Guevara

El Che nació el 14 de junio de 1928 en Rosario, Argentina. Su verdadero nombre era Ernesto Rafael Guevara de la Serna. Su padre era un ingeniero civil de sangre irlandesa y su madre provenía de una familia aristocrática española. Cuando Ernesto tenía dos años sufrió una neumonía y sus padres descubrieron que tenía asma, penosa enfermedad que padeció por el resto de su vida.

Buscando un clima más benéfico para su asma, la familia de Ernesto se mudó a la provincia de Córdoba. Allí Ernesto se relacionó con hijos de otras familias acomodadas como la suya, pero también se hizo numerosos amigos de familias humildes. Descubrió que otros chicos no tenían guardapolvos para ir a la escuela, o no podían comprarse un sandwich, o vivían hacinados en pequeños ranchos. En el pueblo de su infancia lo recuerdan siempre dispuesto a compartir todo lo que tenía con sus amigos.

A causa de su asma, Ernesto empezó la escuela cuando tenía ya nueve años. A veces debía soportar el dolor extremo de la asfixia. Pero no perdía el ánimo, durante las crisis asmáticas se convirtió en un gran lector y un buen ajedrecista. Cuando su salud se lo permitía se lucía en todo tipo de deportes y pasaba tiempo con sus numerosos amigos.

A los diecinueve años, Ernesto entró en la Facultad de Medicina en Buenos Aires. En el verano de su segundo año, trabajó como ayudante en el hospital donde Alberto, uno de sus amigos de la juventud, ejercía como bioquímico. Asistió allí a leprosos que se hallaban en estado deplorable. Antes de graduarse, Ernesto se montó junto a Alberto en una vieja motocicleta y partieron en un viaje alrededor de América Latina. Recorrieron parte de la Argentina, Chile, Perú, Colombia y Venezuela. Visitaron hermosos escenarios naturales y antiguas ruinas de civilizaciones desaparecidas. El espíritu de Ernesto se vio muy afectado frente a la imagen de campesinos y obreros trabajando como esclavos, y se prometió a sí mismo luchar contra la pobreza que teñía esos bellos paisajes.

Abruptamente, Ernesto dio por finalizado su viaje, que había durado ya siete meses. Regresó a Buenos Aires y se puso a estudiar intensamente a fin de terminar su carrera universitaria a la brevedad. Quería cumplir el deseo de sus padres y recibir su título de médico a fin de, en un próximo viaje, reencontrarse con su amigo Alberto que se había quedado en Venezuela y ayudarlo a curar a los leprosos y enfermos de América Latina.

Apenas tenía veinticinco años y ya se había propuesto vivir la vida de un revolucionario para construir un mundo donde nadie fuera más débil o más fuerte que los demás. Por su condición de argentino, la gente comenzó a llamar a Ernesto "Che". Y así se convirtió en Che Guevara y luego en el Che.

En un segundo viaje con su amigo de la infancia Calica Ferrer, y tras varios meses de exploración arqueológica y formación política en Bolivia, Perú, Ecuador y Panamá, Che Guevara llegó a Guatemala donde trabó amistad con camaradas con ideas afines a las suyas. Cuando la revolución guatemalteca fue lamentablemente abortada, el Che viajó a México donde conoció al líder revolucionario cubano, Fidel Castro. El 25 de noviembre de 1956, la célula originaria de lo que sería el ejército revolucionario cubano desembarcó en las costas de Cuba con el fin de derrocar al régimen dictatorial. Había ochenta y dos personas en el barco Granma y entre ellos se encontraba el Che. Sólo doce sobrevivieron al ataque del ejército cubano. El Che y Castro apenas eludieron la muerte y se escondieron en las montañas con los otros rebeldes sobrevivientes. Allí iniciaron una guerra de guerrillas, que consistió en ataques relámpago al ejército del gobierno seguidos de fugaces retiradas. La guerrilla que empezó con apenas doce soldados recibió el apoyo entusiasta de los agricultores y trabajadores. El ejército guerrillero contaba cada vez con más soldados y le dio una dura pelea al ejército del dictador cubano.

El 30 de enero de 1959, el ejército revolucionario finalmente entró a La Habana, victorioso. Pronto Fidel Castro se convirtió en el primer ministro, mientras el Che, como su segundo comando, se dedicó a la revitalización de la economía cubana.

En 1965, el Che dejó su vida estable en Cuba y viajó al Congo, donde la lucha y la necesidad de una revolución que cambiase el orden de las cosas parecían llamarlo. Luego partió a Bolivia en una nueva expedición revolucionaria.

El 8 de octubre de 1967, fue capturado por el ejército boliviano y ejecutado al día siguiente.

Che Guevara está siempre presente en las insignias de quienes pretenden cambiar el mundo. Con gusto dedicó su vida a los pobres del mundo entero. Murió a los treinta y nueve años, pero su corta vida eterna aún no ha terminado.

1. Con sus hombres en el ejército.
2. Monumento al Che en la Plaza de la Revolución en La Habana.
3. Un alto en el trabajo. Incluso después de convertirse en ministro, colaboró con los obreros y los campesinos en sus labores.
4. Con Castro entrando victorioso a La Habana.
5. Dando un discurso breve pero potente.

CHE GUEVARA

1. Con su hermana, en una hamaca.
2. Su viaje solitario en bicicleta por el norte de la Argentina.
3. Estudiante de medicina. Él es el alumno sonriente en el medio de la fila de atrás.
4. Con su esposa Aleida, y sus hijos Ernestito, Camilo, Aleidita y Celia.

Cuenta Che Guevara

Al Che le gustaba leer y escribir. Siempre llevaba papel y pluma con él. Tomaba notas y escribía poemas acerca de las cosas que veía y sentía.
Echemos un vistazo a algunas de sus reflexiones e inquietudes.

Che revolucionario

Charlé con Fidel toda una noche. Y al amanecer ya era el médico de su futura expedición. En realidad, después de la experiencia vivida a través de mis caminatas por toda Latinoamérica no hacía falta mucho para incitarme a entrar en cualquier revolución contra un tirano. Había que hacer, que luchar, que concretar. Que dejar de llorar, y pelear.

Che estudiante

Cuando empecé a estudiar Medicina, la mayoría de los conceptos que hoy tengo como revolucionario estaban ausentes en el almacén de mis ideales. Quería triunfar, como quiere triunfar todo el mundo; soñaba con ser un investigador famoso, soñaba con trabajar infatigablemente para conseguir algo que podía estar, en definitiva, puesto a disposición de la humanidad, pero que en aquel momento era un triunfo personal. Era, como todos somos, un hijo del medio.

Che soldado

Un compañero dejó una caja de balas casi a mis pies... Quizás esa fue la primera vez que tuve planteado prácticamente ante mí el dilema de mi dedicación a la Medicina o a mi deber como soldado revolucionario. Tenía delante una mochila llena de medicamentos y una caja de balas, las dos eran mucho peso para transportarlas juntas; tomé la caja de balas.

Che padre

Si alguna vez tienen que leer esta carta, será porque yo no esté entre ustedes Casi no se acordarán de mí y los más chiquitos no recordarán nada. Su padre ha sido un hombre que actúa como piensa y, seguro, ha sido leal a sus convicciones. Crezcan como buenos revolucionarios. Estudien mucho para poder dominar la técnica que permite dominar la naturaleza. Acuérdense que la revolución es lo importante y que cada uno de nosotros, solo, no vale nada. Sobre todo, sean siempre capaces de sentir en lo más hondo cualquier injusticia cometida contra cualquiera en cualquier parte del mundo. Es esa la cualidad más linda de un revolucionario. Hasta siempre hijitos, espero verlos todavía. Un beso grandote y un gran abrazo de Papá.

América Latina
a través de los ojos de Che Guevara

Por siglos, América Latina fue gobernada por potencias extranjeras, como España y Portugal. Su cultura fue arrasada, sus recursos saqueados y sus habitantes originarios esclavizados. A pesar de que los distintos países fueron independizándose paulatinamente, otras potencias extranjeras siguieron dominando a muchos países del continente a través de la economía. En sus viajes por América, el joven Ernesto pudo comprobar con sus propios ojos las heridas y las huellas que dejó esa dominación.

"Por los caminos de América Latina, entendí cuál era el camino que América Latina debía tomar: el camino de la libertad plena".

En la mina de Chuquicamata, en Chile

Chuquicamata es una de las mayores minas de cobre del mundo. En 1915, una empresa estadounidense comenzó a desarrollar la mina y a destruir la cultura indígena en el proceso. Cuando el Che y Alberto llegaron hasta allí, encontraron más de tres mil indígenas trabajando en acantilados sin ningún tipo de servicio médico.

Mientras caminaban por un cementerio luego de un recorrido por las áreas de trabajo, el Che quiso saber: "¿Cuántas personas hay enterradas aquí?". La guía le respondió: "¿Diez mil, tal vez?". El Che preguntó cuál había sido la indemnización percibida por las familias de los trabajadores fallecidos, frente a lo cual la guía simplemente se encogió de hombros. Alberto vio entonces un brillo en los ojos del Che. Había en ese destello indignación y determinación.

En Cuzco, el ombligo del mundo

Cuzco, la capital del Imperio Inca, fue fundada en el siglo XIII por el inca Manco Capac. Su esplendor arquitectónico y el oro que decoraba sus construcciones llamaron la atención de los conquistadores españoles que la conocían como El Dorado. En 1533, el ejército español invadió el Cuzco, saqueó sus tesoros y sometió a la población indígena. Sobre las antiguas construcciones se levantaron iglesias y edificios de estilo español.

El Che descubrió en sus viajes que cuando se desataban los terremotos típicos de la zona, los daños en las construcciones siempre se producían sobre la parte construida por los españoles, mientras que aquello edificado por los incas quedaba intacto. Para el Che, ese era el mejor ejemplo del valor de las culturas originarias de América.

En el Lago Titicaca

En el centro de la civilización Inca, en la frontera entre la actual Perú y Bolivia, se encuentra el lago Titicaca. El más cercano al cielo de todos los lagos del mundo, el lago Titicaca se encuentra a 4000 metros de altura. Dentro del inmenso lago hay dos islas, la Isla del Sol y la Isla de la Luna. En su viaje con su amigo Calica, el Che fue a conocer el Templo del Sol, reliquia de la cultura incaica ubicada en la Isla del Sol. Luego de una excursión en la cual los dos amigos se deslumbraron con el legado inca, durante el viaje de regreso se desató una fuerte tormenta que los hizo asustar. El aborigen que guiaba el bote, aterrado, comenzó a rezar simultáneamente un Padrenuestro y una oración a la Pachamama. El Che notó en ese simple gesto la influencia de la religión católica impuesta por los conquistadores españoles a los indios, los verdaderos dueños de esa tierra. Comprendió que a los pueblos no solo se los domina por las armas, sino también por la cultura.